AF438688

ÉTAT
DE L'EUROPE
CONTINENTALE
A L'ÉGARD DE L'ANGLETERRE,

APRÈS LA VICTOIRE D'AUSTERLITZ.

ÉTAT
DE L'EUROPE
CONTINENTALE
A L'ÉGARD DE L'ANGLETERRE,
APRES LA VICTOIRE D'AUSTERLITZ.

Post certas hiemes uret Achaïcus
Ignis Iliacas domos.
HOR. Lib. 1, od. 14.

PAR J. E. BONNET,

Membre résident de l'Académie de Marseille, Professeur du Droit de la Nature et des Gens, à l'Académie de Législation de Paris, etc.

DE L'IMPRIMERIE DE CELLOT.

A PARIS,

Chez MARADAN, Libraire, rue des Grands-Augustins, n°. 9.
Et chez les marchands de Nouveautés.

1806.

TABLE
DES CHAPITRES.

ÉTAT

DE L'EUROPE

CONTINENTALE

A l'égard de l'Angleterre, après la victoire d'Austerlitz.

CHAPITRE PREMIER.

Principes du Droit de la Nature et des Gens, sur le Domaine des Mers.

DURANT la communauté primitive, et avant que la propriété particulière fût introduite dans le monde, par des conventions implicites d'abord, ensuite explicites ; il y avoit un droit inhérent à tous les individus de l'espèce humaine, lequel consistoit à pouvoir s'emparer d'une partie des choses communes, lorsque la chose étoit de telle nature, que cette appropriation ne nuisoit point aux jouissances des autres.

C'est sur ce droit primitif qu'est fondé le droit de propriété que les lois positives sanctionnent : droit qui n'est si respectable, que parce qu'il est appuyé sur cette base naturelle, inaltérable et immuable.

La multiplication de l'espèce humaine rendit nécessaire la dissolution de la communauté des biens, lorsque la nature ne produisit plus spontanément partout, de quoi satisfaire les besoins individuels de chaque homme.

A la communauté des biens succéda l'établissement de la propriété du premier occupant, qui a toujours été reconnue comme la première propriété dans l'état social.

Le droit de premier occupant, ayant sa source dans le droit primitif qui existoit du temps de la communauté des biens, fut soumis naturellement à deux conditions principales :

1º. Il falloit qu'il fût acquis sur une chose qui fût de nature à être possédée ; la propriété ne pouvant être conçue sans la possession, et sans la faculté d'user librement de la chose appropriée.

2º. On devoit avoir la faculté physique

de s'en emparer, jointe à la possibilité de la conserver et de la garder.

Sans ces deux conditions, ce droit de propriété n'eût pu exister ; il n'eût été qu'une simple prétention sans fondement. Les choses qui ne peuvent être gardées, n'étant, par cela même, pas possédées, restent dans le domaine commun, qu'aucune. convention particulière n'a divisé, ni attribué à qui que ce soit.

Ainsi tout ce qui, par sa vaste étendue, s'oppose à ce qu'on puisse le garder d'aucune manière, est réputé appartenir à tout le monde, comme faisant partie du domaine commun. Pour ces choses, la communauté primitive s'est survécue : elle a résisté à l'établissement humain des propriétés particulières. La loi de la nature a conservé toute son action ; elle se prolonge intacte dans les siècles. Elle règne par elle-même, sans le secours d'aucune sanction positive.

Tels sont les principes naturels sur les domaines communs. Nous devons observer encore cependant, que, selon les lois de la nature, il n'est pas nécessaire de contenir et de renfermer dans des bornes positives, la chose dont on s'empare ; il suffit qu'elle puisse être gardée de quelque manière. Les limites naturelles d'une chose que l'on s'approprie, sont supposées là où les moyens de la garder peuvent s'étendre.

L'ordre actuel des choses ne permet pas que ces principes soient invoqués pour plusieurs objets ; ils ne sont plus applicables qu'au domaine ou à l'empire des mers. La lumière et l'air, quoiqu'également propriétés communes, ne peuvent, malgré leur immensité, fournir matière à discussion, que relativement à celles de leurs parties qui correspondent aux propriétés divisées de la terre.

Il résulte de ces principes que l'empire exclusif des mers ne peut exister, qu'elles sont une propriété commune à toutes les grandes familles qui composent l'espèce humaine ; mais que cependant elles offrent une propriété relative à chacune de ces familles qui, placée sur leurs bords, peut s'en garantir la possession jusqu'à une certaine distance.

La possession de la partie de la mer que chaque peuple s'approprie, ne nuit à la navigation d'aucun des autres peuples qui s'emparent pareillement d'une autre partie qui leur est relative ; le vaste océan reste toujours propriété commune. Personne n'étant assez puissant pour le garder, celui-là seroit entièrement privé de raison, qui s'en diroit le propriétaire et le maître. De même qu'il seroit souverainement injuste que les productions d'une mer qui avoisine un empire, comme le poisson, l'ambre, les perles, le corail, ne fussent pas la propriété du peuple qui habite ses bords, puisqu'il peut aussi bien la garder que ses limites territoriales.

D'ailleurs, l'art nautique, parvenu au degré de perfection où nous le voyons, mettroit les habitans des côtes dans un danger toujours imminent. Des vaisseaux ennemis pourroient les aborder inopinément, et leur causer de grands dommages, si, dans une paisible possession, on ne s'étoit pourvu de moyens de défense.

La propriété relative actuelle de la mer est arrivée par degré. Avant qu'on eût découvert aucun moyen de se soutenir sur l'eau, elle ne pouvoit donner d'autre droit que celui de chercher des coquilles sur les rochers et sur le rivage, et de pêcher à la ligne. C'étoit la propriété la mieux gardée, puisqu'il étoit impossible de la violer sans arriver par terre , la mer étant toujours sur les derrières des peuples qui en possédoient les bords.

Sans doute la pêche resta encore long-temps libre après l'invention des nacelles et des canots ; parce que les pêcheurs ne pouvoient pas être en grand nombre , ni s'éloigner de leurs propres côtes.

La grande révolution sur les mers commença à s'opérer , lorsqu'on imagina d'en profiter pour le transport des choses nécessaires à la vie , et que l'on construisit de grosses barques. L'appât du gain qui créa des navires, en fit mettre en mer pour la piraterie ; les pirates obligèrent à construire des bâtimens de guerre. Dès-lors on s'appropria les caps et les détroits , pour mettre des impôts sur les marchandises qui passoient. Enfin , l'invention de la poudre à canon a porté les limites des propriétés relatives de la mer, jusqu'à la portée des batteries placées sur les côtes, lesquelles sont encore gardées par les vaisseaux que l'on place au-delà même de ces limites , mais sans qu'ils ayent le droit, à cette hauteur, d'intercepter la navigation générale.

Il est résulté de cette révolution maritime, que chaque peuple voisin des côtes s'est approprié successivement autant de parties de la mer qu'il a pu en défendre : chacune d'elles ayant toujours été regardée comme partie libre, dont la séparation du vaste tout ne portoit préjudice à personne.

Voilà le titre de propriété de toutes les puissances qni dominent sur les côtes de la mer. La partie qu'elles gardent est devenue, depuis l'invention des vaisseaux de guerre, un large fossé qni tient lieu de fortifications et d'ouvrages avancés, pour protéger leurs ports et leurs rades.

Le peuple qui voudroit porter plus loin ses prétentions, et qui, par un orgueil intolérable, oseroit se dire le souverain des mers, seroit obligé de les couvrir de ses flottes ; et, en eût-il des milliers, son empire, aussi mobile que l'élément qui formeroit son prétendu domaine, ne changeroit rien au droit de tous de naviguer, sans lui devoir aucun des hommages qui supposent la souveraineté dans celui qui les reçoit : car la soumission à la force n'est point un acte de sujet.

C'est ainsi qu'autrefois les Romains se disoient ridiculement les souverains des mers, parce qu'ils avoient cinq flottes, l'une dans la Manche, et les autres dans la Méditerranée, à Fréjus, à Byzance, à Ravenne et à Misène.

Une semblable prétention seroit encore plus déplacée aujourd'hui. Aucune puissance n'ayant le nombre nécessaire de flottes pour garder toutes les mers, il est évident que leur domaine est le partage de tous les peuples navigateurs. Cependant elles offrent un vaste champ, où le plus fort a l'avantage sur les foibles, en attendant qu'un plus fort que lui vienne le dompter.

Le peuple qui auroit le sot orgueil de se dire le maître des mers, ne seroit que ridicule, parce que jamais il ne pourroit s'emparer du vaste océan, et que ne pouvant, en aucun cas, le garder en entier, jamais il n'auroit une possession non-interrompue.

Mais si, sans prendre le titre illusoire de souverain des mers, un peuple osoit former le projet de profiter exclusivement de la navigation, et que, pour satisfaire cette excessive ambition, on le vît se rendre coupable de tous les attentats que l'insatiable avarice peut suggérer ; alors la raison prescrit à ceux qu'il voudroit opprimer de faire cause commune ; elle leur commande de le réduire le plutôt possible.

Le peuple qui manifesteroit des prétentions si contraires à la justice , des desseins si criminels , violeroit les lois de la nature envers tous les autres peuples. Ceux qui s'uniroient pour secouer son joug , défendroient une cause juste et légitime : ils auroient pour eux le Dieu des armées, auteur des lois dont ils demanderoient le maintien et l'exécution. Il violeroit aussi le droit des gens , ce code naturel des nations, reconnu et admis par tous les peuples , excepté par ceux qui ont abjuré toute morale en politique. C'est dans ce droit que sont écrites les lois sur la navigation. Le peuple qui les méconnoîtroit romproit tous les rapports d'humanité entre nation et nation. Sans ce droit , la guerre n'a plus de lois ; elle ne reconnoît plus aucune forme, elle n'est plus arrêtée par des obstacles convenus , on ne peut plus l'éviter à la faveur de délais consacrés par l'usage ; les vengeances n'ont plus de bornes , la force seule

règle tout. En vain réclameroit-on son influence généreuse dans les combats, dans
les succès, dans la victoire, dans les né-
gociations : sans lui, il n'y a plus de ga-
rantie naturelle et sous-entendue ; il n'y a
plus qu'une foi punique ; il n'y a plus de
paix.

CHAPITRE II.

Puissance maritime exclusive.

PUISSANCE *maritime exclusive* sont trois mots qui impliquent contradiction. Ils sont dans une opposition manifeste avec les principes naturels. Ils sont étrangers à la langue du droit des gens.

On ne pourroit pas espérer que le peuple qui exerceroit la puissance maritime exclusive, fût doué d'une bienveillance particulière pour toutes les nations : il ne s'occuperoit pas de leurs intérêts individuels, et surtout il n'auroit pas des soins relatifs à chaque nation selon le degré de sa foiblesse. Au contraire, le caractère commun des hommes ne pourroit que faire craindre la tyrannie et le despotisme. Une telle puissance ne doit pas exister. Si elle se montre quelque part, elle doit être détruite, et la nation qui se l'est attribuée doit être mise au rang que lui donnent naturellement l'étendue de son territoire et sa population, ses lumières et son industrie.

Mais la puissance maritime doit être res-

pectée, si par ces mots on entend ce pouvoir universel qui se divise entre tous les
peuples sans nuire à la propriété commune,
qui permet à chaque État de faire pour sa
marine, pour ses ports et pour ses côtes,
les réglemens qu'il juge leur être les plus
convenables, et s'oppose en même temps à
tout ce qui attenteroit à la faculté de circuler
librement sur les mers, d'aller, de venir,
de commercer et de pêcher.

Cette puissance maritime est conforme
aux lois de la nature ; elle est sacrée. Si elle
a été usurpée par un peuple, et convertie
en puissance maritime exclusive, elle doit
être reconquise par tous les peuples.

La puissance maritime exclusive a eu,
dans tous les temps, pour attributs l'ambition de dominer, l'arrogance, l'orgueil
et la cupidité. Telle est aujourd'hui celle
de l'Angleterre : mais les progrès des lumières ont extraordinairement aidé les
Anglais à rendre leur puissance plus forte
que toutes celles qui l'avoient précédée ; l'effet des découvertes a été si grand en leur
faveur, qu'ils ont pu composer leur système
de domination, de tous les systèmes qui
avoient déjà existé.

Une puissance maritime colossale, qui sait se connoître et user à propos de ses forces et de ses moyens, doit affecter des principes de modération et d'équité toutes les fois qu'il s'agit de régler les différends entre les souverains parmi lesquels elle sème la discorde. C'est là précisément le rôle que joue l'Angleterre, quand elle juge que le continent européen est assez épuisé par les guerres qu'elle a suscitées, et qu'elle s'est bien assurée qu'il est pour long-temps hors d'état de se liguer contr'elle. Alors elle intervient dans les congrès pour continuer de veiller à ses intérêts, par sa diplomatie, comme elle avoit travaillé à sa conservation, en provoquant des guerres à l'aide de ses richesses. Son langage au milieu des négociateurs est modéré, elle ne manque jamais d'affecter un profond désintéressement ; elle parle toujours de compensations, de balance et d'anciennes limites ; c'est un langage spécieux ; il produit son effet ; on se règle d'après les inspirations du cabinet de Saint-James ; on établit le faux équilibre qu'il a dès long-temps combiné dans le secret de sa sombre politique ; enfin l'Angleterre conserve tous ses moyens oppressifs.

B

Elle est toujours en force pour empêcher le continent d'avoir une volonté efficace et victorieuse contre son système d'usurpation et de monopole.

Les îles sont une dépendance naturelle des continens : mais lorsqu'à la faveur de la négligence des puissances continentales, une île est sortie de son devoir de soumission envers elles, alors son insurrection va toujours en croissant ; d'abord elle s'érige en puissance indépendante, ensuite en puissance maritime, bientôt après elle usurpe, enfin elle s'établit partout. Dans cet état, elle présente à l'observateur un tableau aussi affligeant que bizarre ; elle a mille bras pour envahir et pour dévaster, tandis qu'elle n'offre qu'un corps qui échappe presqu'à la vue de celui qui veut l'attaquer.

Voilà le tableau que présente l'Angleterre ; immense par son système de colonisation, elle opprime sur tous les points du globe : presque imperceptible comme métropole, elle ne peut être abordée que difficilement ; mais elle n'est pas tout-à-fait invisible, elle n'échappera pas à un génie fécond en inventions, hardi, persévérant dans ses entreprises, autant que brillant et sublime dans ses conceptions.

Encore que la réduction de la puissance
maritime insulaire dût, par la suite, donner
occasion à quelque souverain du continent
de s'emparer de l'empire des mers, l'Europe trouveroit toujours son avantage dans
cette mutation. A la vérité, la puissance
insulaire n'a pas de fortifications, de rem-
parts, de places fortes; mais elle a des tours
mobiles qu'elle va placer à l'embouchure
des rivières, et devant les ports des continens. L'océan devient pour elle un immense
fossé, difficile et dangereux à franchir,
qu'elle met entre ses postes avancés, et le
siége de sa résidence.

Tyr, Athènes, Carthage et Venise, furent
bien plus faciles à renverser que ne le sera
l'Angleterre. Si par mer elles prenoient en
flanc toutes les puissances continentales,
par terre elles offroient de tous les côtés des
points d'attaque. Il y avoit alors parité de
moyens entre celui qui prenoit l'offensive et
celui qui se défendoit. Aussi, elles succom-
bèrent bientôt, lorsqu'on entreprit régulière-
ment leur destruction.

CHAPITRE III.

Angleterre.

L'ANGLETERRE ne sera sauvée ni par ses trésors, ni par sa formidable armée navale, ni par sa morale particulière. Ce qu'elle craignoit, ce qu'elle vouloit éviter, est arrivé ; sa politique est vue à découvert. On l'accuse souvent de n'avoir pas connu l'état de la France ; mais c'est parce qu'alors on la regarde comme faisant cause commune avec toute l'Europe, ce qui n'a jamais été. Considérée avec un œil plus observateur, on l'aperçoit telle qu'elle est, toujours égoïste, ne faisant rien que pour elle-même. On voit qu'elle a constamment pressenti que la France devoit sortir de sa révolution, plus puissante que jamais, et que l'exercice de ses forces devoit naturellement être dirigé contre son système maritime. C'est pourquoi elle n'a voulu avec quelque franchise le rétablissement de la troisième race de la monarchie française, que lorsqu'elle a jugé qu'un prince de cette famille seroit moins dangereux pour elle que Bonaparte. De deux maux elle a cherché à n'être atteinte que par celui qui lui paroissoit le moindre ; jusqu'alors elle avoit trouvé son intérêt à empêcher les Bourbons de devenir les arbitres et les régulateurs de la redoutable puissance française.

L'Angleterre s'est perpétuellement abusée : tout gouvernement français, quel qu'il pût être, eût tenté avec succès la réduction de sa puissance ; à la vérité avec moins d'avantages pour la France, que lorsque c'est Napoléon qui l'entreprend.

La France, depuis la révolution, a une force inhérente et intrinsèque, qui ne peut ni être perdue, ni être aliénée, ni rester sans effet. L'Empereur des Français la met aujourd'hui en action par ses rares talens, et l'Angleterre sera bientôt réduite. Sans lui, il faut en convenir, les essais oppressifs des Anglais sur le monde entier eussent continué encore long-temps, mais ils n'eussent pu durer toujours. Il seroit contre nature que, dans une longue lutte entre la France et l'Angleterre, une puissance factice l'emportât sur une puissance réelle ; mais comme tout ce qui est grand est du domaine du monarque français, et que la Providence l'a envoyé comme un sauveur et un réparateur, la réduction des îles britanniques fait partie de sa mission. Son génie infatigable qui vient de terrasser une troisième coalition, domptera ces superbes insulaires, avec ces mêmes armes dont ils se sont servis, pour livrer de nouveau la France au désordre.

L'Angleterre elle-même ne se déguise pas son existence factice; elle sent combien son état est précaire, voilà pourquoi elle s'est créée une morale nationale, entièrement opposée à la morale des nations : elle est, par principes, l'ennemie perpétuelle du continent de l'Europe.

L'insulaire est navigateur par besoin, et par la force de sa position; mais lorsqu'après avoir simplement profité du commerce maritime, la cupidité s'empare de son âme, bientôt il cherche à être puissant; il le devient en effet, mais dès-lors il est miné progressivement par l'ambition, la jalousie, et surtout par un orgueil toujours insultant. Cette échelle ascendante et descendante de la puissance maritime, s'applique parfaitement à l'Angleterre; sa puissance est à son apogée : elle est sur le point de décliner, bientôt nous allons la voir descendre avec précipitation, poussée par son ambition, par sa jalousie, et par son orgueil.

L'Anglais ne seroit pas insulaire, s'il cessoit d'être fier et despote ; c'est cette fierté que lui donne l'habitude de parcourir les mers et de braver les flots ; c'est ce despotisme qui a sa source dans une cupidité trop ambitieuse, qu'il faut attaquer et renverser.

L'aveuglement des puissances continentales, sur les progrès du système maritime de l'Angleterre, a été si grand, qu'elle a pu dépasser dans ses projets de domination toutes les bornes dans lesquelles étoient restés les tyrans des mers auxquels elle a succédé. Elle a joint à cette avidité, à cette jalousie, qui naissent de l'habitude de faire de grands gains, l'ambition désordonnée de régner sur les continens comme sur les mers. Sur l'eau, son avarice est protégée par de nombreuses flottes ; sur terre, son ambition se satisfait par le moyen de ses immenses richesses.

La puissance de l'Angleterre est donc commerçante, militaire, conquérante, colo-

nisante , orgueilleuse , avare , avide , op-
pressive , c'est-à-dire qu'elle réunit sur elle
seule tous les sujets de haine qui ont armé
les peuples , à diverses époques , contre les
systèmes maritimes de Tyr , d'Athènes ,
de Carthage , des Romains , de Venise , de
Rhodes , de l'Espagne , de la France , du
Portugal , de la Hollande.

L'observateur qui , depuis dix ans , a
suivi l'Angleterre dans ses plans d'usurpation , a découvert tout le secret de sa politique ; il est tout dans l'art de cacher sa
foiblesse , et d'empêcher les souverains de
l'Europe d'avoir la conscience de leurs
forces. Que sous les étendards victo-
rieux de la France l'Europe entière mette
ses moyens en action , et bientôt on sera con-
vaincu qu'une erreur volontaire étoit seule
la base de la puissance maritime de l'Angleterre devenue si formidable.

Les nations du continent de l'Europe
étoient en mesure pour avoir un système
maritime appuyé sur des vues politiques :
cependant elles n'en avoient point ; elles
ont perdu toutes ensemble la puissance maritime commune.

Une île ne pouvant se donner un tel

système que lorsque le continent a négligé d'en avoir un , a profité de cet oubli ; et l'Angleterre , depuis son acte de naviga-tion , est le seul peuple de l'Europe qui ait un système maritime arrêté et suivi.

Voilà le secret de cette puissance que l'on croit si redoutable. Il dépend donc des souverains de la réduire.

Il n'y a presque pas de point sur le globe où l'Angleterre n'ait répandu le sang humain pour maintenir ou pour étendre son système. Un semblable tort envers tous les peuples n'appela pas la destruction de Tyr, de Carthage , de Venise ; cependant ces trois dominatrices des mers ont dû périr. A plus forte raison , la puissance maritime de l'Angleterre doit succomber.

Post certas hiemes uret Achaïus
Ignis Iliacas domos.

Au reste , l'ambition et l'avidité des An-glais ont deux bases , les colonies et les flottes : celles-ci se soutiennent les unes par les autres ; sans les flottes point de colo-nies , sans l'or des colonies point de flottes ; les unes et les autres n'ont de moyens de conservation que ceux qu'elles se donnent réciproquement. Mais pour les attaquer et les réduire, pour soumettre l'Angleterre à un système fondé sur les maximes de la nature et de la raison, on a des moyens négattif et des moyens positifs; on peut la dépouiller de ses trésors, et détruire ses vaisseaux, comme aussi l'on peut condamner ses marchandises à l'avarie, et ses denrées à la corruption.

Une expérience de cent ans avertit les souverains de l'Europe, que l'Angleterre ne les insulte et ne les commande, que parce qu'ils se laissent tromper. Huit fois dans un siècle sa politique ambitieuse a suscité la guerre parmi eux.

Aujourd'hui l'Europe entière doit principalement se venger sur l'Angleterre, des maux que la révolution française lui a fait souffrir. Les calamités que la haine des Anglais a versées sur la France, ont été si excessives, qu'elles ont dû déborder sur toute l'Europe. Sans leur politique artificieuse, sans leur or, sans leurs intrigues diplomatiques, il n'y eût point eu de coalition contre la France ; les maux qu'elles ont produits par action et par réaction, fussent restés inconnus.

Les Anglais ont jugé si pressant le danger qui les menace, qu'ils ont regardé comme inutile de déguiser désormais leur politique. Dans les extrémités où les a réduits l'inébranlable résolution de l'Empereur des Français, ils ont eux-mêmes déchiré le voile qui déroboit leur secret à l'Europe ; mais tous leurs efforts sont devenus impuissans, leur politique vient de se briser à jamais, comme sur un écueil, devant la mémorable victoire d'Austerlitz.

L'Angleterre est vue aujourd'hui dans toute sa nudité. Désordonnée sous tous les rapports, elle n'offre que disproportions dans le tableau de rapprochement des divers élémens qui composent son existence. Son numéraire, son commerce, ses colonies n'ont aucune relation avec le territoire et la population de la métropole. Rien n'est en accord dans son organisation, si ce n'est que, dans chaque partie, tout est hors de mesure, et que l'on rencontre les mêmes vices et les mêmes monstrueuses consonnances dans les choses morales que dans les choses physiques.

Le Bengale a vu périr les trois quarts de sa population, le reste est soumis au joug le plus honteux. Voilà le sort que l'Angleterre, dans sa pensée, prépare à l'Europe.

Si l'Afrique, si l'Amérique, si l'Inde ont vu le carnage et les guerres intestines, c'est parce que les Anglais ont toujours été disposés et prompts à fournir des armes aux sauvages et aux esclaves. Pourquoi les souverains de l'Europe se flatteroient-ils que cette quatrième partie du monde, celle qui offre les plus grands appâts à la cupidité, ne seroit pas convoitée par leur insatiable avarice ?

L'Angleterre, par son système, tend à coloniser tout l'univers à son profit. On seroit juste envers elle, si on la réduisoit à l'état de simple colonie de l'Europe. C'est le sort qui lui seroit réservé, si, au lieu de lui arracher de force le sceptre de sa tyrannie universelle, on pouvoit avoir la coupable et honteuse patience d'attendre qu'elle s'usât d'elle - même, et qu'elle écroulât sous sa propre masse.

Albion a été subjugué en divers temps par les Romains, les Danois, les Saxons, les Normands, etc. Quoi ! chacun de ces peuples séparément eût pu vaincre les Anglais, et plusieurs peuples réunis ensemble ne les soumettroient pas aujourd'hui !

CHAPITRE IV.

Puissances continentales de l'Europe.

LES souverains du continent de l'Europe nous donnent, depuis environ douze ans, le spectacle le plus extraordinaire, le plus opposé à la nature qui ait jamais eu lieu dans les actes des nations, lorsque, sous les maximes du droit des gens, elles se réunissent et forment, pour ainsi dire, une république. Voilà la troisième coalition détruite : aucune d'elles, même en supposant le plus grand succès, n'eût pu avoir d'autre résultat que de conserver dans la plénitude de sa puissance usurpée, une nation ennemie des coalisés eux-mêmes, et qui ne peut exister qu'à la faveur de l'oppression qu'elle exerce sur tous les points du globe ; c'est la première fois que l'on a vu plusieurs nations se liguer avec suite, et l'on peut dire avec ténacité, pour le profit de leur ennemi manifeste, afin de l'affermir dans sa tyrannie à leur égard. Jusqu'à présent les ligues avoient eu pour but de détruire de pareils empires, et non de les maintenir.

L'Angleterre a formé trois coalitions par
ses intrigues diplomatiques, sans avoir jamais
eu l'intention de forcer à la paix, seul motif
qui puisse justifier la guerre. L'ambition de
dominer les mers et la cupidité sont les
dieux auxquels elle a sacrifié la tranquillité,
le bonheur et le salut des quatre parties du
monde.

Evidemment les Anglais avoient organisé
la ligue qui vient d'être mise en dissolution,
pour obliger l'Empereur des Français à s'é-
loigner des côtes de la Manche. Les coalisés
ont paru ne pas s'en apercevoir. Il a fallu
que les armées françaises vinssent le leur
apprendre à Austerlitz. Nous supposons
que, remontant des effets aux causes, ils
sont aujourd'hui bien persuadés que tous
leurs revers ne sont dus qu'aux inquiétudes
de l'Angleterre sur sa puissance maritime,
depuis que Napoléon la menace.

Les puissances du Nord ne devroient plus
se déguiser les motifs qui déterminent l'Angleterre à leur donner des subsides, pour
qu'elles fassent une guerre continuelle aux
peuples du Midi. Par cette politique, elle
distrait leur pensée, qui, devant se fixer
naturellement sur la navigation, les por-

teroit à élever leur marine militaire jusqu'à ce degré de force qui leur permettroit de prendre l'offensive sur elle. Par ce système, elle conserve la suprématie maritime ; et la Russie, la Suède, le Danemarck, la Prusse, toute l'Allemagne, les villes libres, les villes anséatiques, continuent d'être des colonies anglaises.

Les souverains du continent ont donc un intérêt commun à diminuer la marine militaire de l'Angleterre, ou par l'invasion des îles britanniques, ou par la force des mesures qui seroient prises à la faveur de la coalition de toute l'Europe continentale.

Il n'y a aucune nation en Europe, il n'y en a, j'ose dire, aucune dans le monde, qui puisse ne pas désirer la réforme des forces navales de l'Angleterre, et la réduction de son commerce.

Tout pouvoir factice, toute morale et toute politique qui sont en perpétuelle contradiction avec la morale éternelle, fondement de la politique des nations, doivent s'évanouir devant des forces réelles, devant des puissances fondées sur les bases régulières du pouvoir, l'étendue du territoire et la population.

Le désavantage des Anglais est manifeste dans la lutte de leur puissance factice avec la puissance réelle du continent ; celle-ci peut se passer de tout ce qui fait l'existence de celle-là ; ce qui est pour le continent une simple privation, est pour l'Angleterre une maladie mortelle, de sorte qu'afin de lui donner tôt ou tard cette mort politique, il ne faut aucune force positive ; il est vrai que, pour l'accélérer, il faut plus que des moyens négatifs. Ce n'est pas ici le lieu d'examiner jusqu'à quel point l'intérêt de dompter l'Angleterre est réel et pressant, ni de prouver que, pour satisfaire à cet intérêt, on peut se passer de moyens positifs, on le démontreroit jusqu'à l'évidence s'ils manquoient, ou qu'on ne pût se les procurer : mais ils existent en abondance à côté des moyens négatifs ; ils auront toute leur efficacité lorsqu'ils seront employés par le génie du Monarque de la France.

Les Anglais ne demandent pas que je leur prouve autrement cette assertion ; ils sont trop habiles pour s'en déguiser la vérité.

Lors même qu'il y auroit une nation continentale qui succéderoit aux Anglais dans la domination des mers, ce n'est ici qu'une hypothèse, la chose n'est ni probable ni possible tant qu'il y aura le moindre respect pour la morale des nations; lors même, dis-je, que les mers ne feroient que changer de maître, le continent européen gagneroit toujours beaucoup à la destruction d'une puissance maritime insulaire, parce qu'il auroit la possibilité de l'attaquer par terre et de la subjuguer. Les Romains dûrent en grande partie la chute de Carthage, à la faculté qu'ils avoient de dévaster le territoire des Carthaginois.

Mais l'intérêt d'entraver le commerce maritime, ne peut se rencontrer que chez une nation insulaire, qui, par ses principes, cesse de faire partie du genre humain. On doit fondre sur elle comme sur un monstre d'ambition et de cupidité, sans s'inquiéter de ce qu'il s'ensuivra de sa défaite. Son genre actuel d'existence est une calamité, qu'aucun événement sinistre ne sauroit égaler.

La France elle-même, lorsqu'elle aura détruit le despotisme maritime britannique, ne fera pas craindre cette usurpation. Une puissance territoriale qui est réelle dans ses facultés comme dans ses moyens, ne peut pas avoir le même intérêt que l'Angleterre de tyranniser les mers : elle en a un tout opposé, parce qu'elle n'a rien de factice ni de monstrueux dans son organisation.

On ne s'attendoit pas que les rois qui ont commis la faute de vouloir profiter du bouleversement d'une grande nation, dussent être punis aussitôt. Bonaparte a paru comme le vengeur de l'humanité ; il semble qu'il soit venu pour opérer une révolution parmi les souverains. Ils avoient abandonné leur voie ; ils étoient tombés dans une telle contradiction avec leurs intérêts, qu'ils étoient devenus révolutionnaires ; les uns en feignant de s'opposer à une révolution, mais l'encourageant sourdement ; les autres en faisant des révolutions effectives.

Des intérêts relatifs trop divergens, des systèmes de cabinet trop opposés, des principes trop flexibles dans les applications, une certaine routine, l'ambition de s'agrandir, ont empêché jusqu'à présent les puissances continentales de s'accorder entr'elles sur leurs besoins communs. Les mêmes obstacles existent encore. Le système qui les réunira doit donc être par sa nature un système dicté ; son exécution doit être commandée. C'est à l'Empereur des Français qu'il est dévolu de remédier à un vice qui a causé tant de malheurs.

L'ancienne balance politique n'existant plus, on ne sauroit comment appeler les cabinets à consentir des projets et des plans d'exécution. C'est à Napoléon à décider de tout avec l'influence que les premiers potentats de l'Europe viennent de lui faire acquérir.

La victoire d'Austerlitz a résolu le problème des libertés futures du continent de l'Europe, elles n'avoient plus ni bases ni garanties, depuis que le traité de Westphalie étoit tombé en désuétude ; mais à dater de cette incomparable journée, l'Europe doit redevenir libre. Enfin, elle ne doit plus donner le ridicule et triste spectacle d'une partie du continent toujours en guerre avec l'autre partie, pour maintenir une île dans son despotisme toujours croissant sur tout le continent.

C'est en vain que les événemens qui ont suivi le ministère de M. de Choiseul en France, ont annoncé au monde politique une révolution dans son existence : les rois de l'Europe sont restés inébranlables dans leurs systèmes secrets de cabinet, qui les isolent tous les uns des autres : ils semblent n'avoir pas craint les mauvais effets de la contradiction de leurs principes. On diroit qu'ils n'ont point réfléchi sur leur état, et sur les causes qui les rendent périodiquement ennemis les uns des autres. Ils paroissent être persuadés que tout ce qui leur arrive ne reçoit aucune impulsion humaine, et qu'en se laissant entraîner, ils ne font qu'obéir à la loi du sort. Cependant, depuis bien des années, ils ne font que céder à l'influence de l'Angleterre, c'est elle seule qui, de chute en chute, les a conduits à la déplorable catastrophe qu'ils viennent d'essuyer à Austerlitz, où enfin presque tous les sceptres de l'Europe sont restés dans une même main.

Instrumens aveugles de leurs défaites, continueront-ils toujours de s'en prendre aux effets, sans jamais vouloir remonter à la cause? Accuseront-ils toujours l'Empereur des Français de vouloir les subjuguer, lorsqu'il leur offre sans cesse la paix, lorsqu'il enchaîne la victoire, lorsqu'il s'arrête au milieu de ses succès? ne reconnoîtront-ils pas enfin qu'ils ne sont victimes que de la politique anglaise?

L'Angleterre, bien convaincue que son salut réside dans la division de l'Europe, que de l'affoiblissement de la France dépend l'inutilité de la réunion de toutes les autres puissances contre son commerce exclusif, ne cesse de susciter des ennemis à la France, et de l'attaquer par des coalitions. Les événemens qui résultent de ses instigations ne lui importent en rien, son but est toujours rempli ; elle a régné sur toute l'Europe, tandis qu'on se battoit ; elle règne encore pendant la lassitude qui suit les guerres ; et comme l'intrigue est infatigable, le temps que les autres donnent au repos, est celui qu'elle consacre à dresser de nouvelles batteries de divisions et de discordes. Son principal intérêt est d'éviter qu'au réveil, les regards se portant sur elle, on ne soit épouvanté de sa puissance démesurée, et qu'enfin on ne se lève en masse pour la soumettre.

C'est ainsi que l'Angleterre est dans un état perpétuel d'hostilités avec le continent de l'Europe, puisque, malgré l'or qu'elle répand, elle n'en réduit pas moins tous les souverains à l'épuisement le plus réel, en leur ôtant les hommes ; et que lors même qu'elle parle sans cesse de balance politique, elle rend toute balance impossible à son égard.

Les puissances continentales n'ont pas de besoin plus pressant que celui d'épouvanter l'Angleterre par une paix entr'elles bien cimentée, et de créer ensuite sur cette paix, un système de renversement de son despotisme des mers, et de réduction de son commerce dans ses limites naturelles.

Rien n'effraie l'Angleterre comme l'idée d'une paix continentale, qu'elle n'aura pas organisée, et qu'elle ne pourra pas rompre à volonté ; parce qu'alors la paix est destructive de sa puissance maritime. Dans le repos de l'Europe, elle voit ses manufactures rivalisées, peut-être même surpassées et discréditées. Dans une coalition des souverains du continent, elle aperçoit la perte infaillible de sa suprématie sur les mers, et sa chute au rang de puissance du second ordre.

Jetons un coup-d'œil rapide sur le tableau des malheurs que l'Angleterre a fait éprouver à toutes les puissances du continent européen, nous serons par-là naturellement conduits à la reconnoître pour cause immé-

diate de l'état d'extrémité où elles se trou-
vent depuis vingt ans ; nous en exceptons
cependant la France , envers laquelle sa
politique a toujours été en défaut. Au fond ,
c'est au cabinet anglais que la France doit les
champs de gloire que sa valeur a parcourus ;
mais elle n'avoit besoin de ces occasions ,
ni pour mieux asseoir son mérite militaire,
ni pour conserver son existence politique ,
ni pour garantir sa sûreté intérieure , et
bien sûrement elle ne les eût jamais recher-
chées , par amour pour l'humanité. Ainsi ,
quant à la France , il s'est toujours opposé
à ce qui l'auroit pu faire sortir honorable-
ment des horreurs d'une révolution ; il
craignit, dans un temps, que la troisième
race ne fût trop puissante , si elle remontoit
sur le trône. Le système universel d'unité
que la révolution avoit créé dans un jour
en France , l'avoit frappé d'épouvante ; sa
politique lui inspira de se jouer de la bonne
foi d'un prince détrôné. Dans un autre
temps , il crut que la révolution pouvoit
engendrer en France une république puissante ; alors il sema les divisions intestines ,
il attira sur elle tous les malheurs de l'anar-
chie , il favorisa tous les gouvernemens qui

se succédèrent avec autant de rapidité que d'inconsistance : il s'attacha surtout à user ses forces de toutes les manières , afin qu'elle ne pût échapper de tant de désastres, que foible et incapable de lui donner jamais des inquiétudes ; mais il fut étrangement dans l'erreur : le 18 Brumaire arriva. Au premier moment, le ministère anglais eut la pensée de s'emparer de Bonaparte , en secondant ses entreprises , et lui fournissant des moyens d'élévation ; mais le héros fut déjà trop fort et trop elevé , peu de temps après son avénement au consulat, pour qu'on se hasardât de mettre ce plan à execution : il fallut y renoncer. On recourut de nouveau aux expédiens des coalitions. Bonaparte répondit à ces manœuvres par la journée de Marengo. Cette victoire éclaira le peuple anglais, la guerre cessa d'être nationale en Angleterre , le parti ministériel fut obligé de signer une paix à Amiens. Tout tendoit jusqu'alors à consolider le gouvernement français , et à mieux établir le héros dont il étoit l'ouvrage. Le cabinet anglais n'en fut que plus effrayé ; la paix étoit pour lui un état contre nature , il la rompit : mais les îles britanniques furent aussitôt menacées. Dès-lors ,

la race détrônée lui parut moins dange-
reuse; il l'eût preférée sur le trône que Bonaparte a occupé depuis. Il forme le plan
de la rétablir, et, pour la première fois, il
est sincère, mais, comme nous voyons, d'une
franchise injurieuse à ceux même qu'il veut
servir. Déjà le repos de l'Europe l'inquiétoit,
il ourdit une troisième coalition; il en pré-
cipite les mesures, pour éloigner le plutôt
possible l'Empereur des Français des côtes
de l'océan; c'est-à-dire, qu'il la désor-
ganise dès son premier mouvement, et qu'il
prépare lui-même, à Ulm, l'étonnante journée d'Austerlitz, qui donnera sans doute une
paix durable au continent; mais elle ne
pourra qu'être funeste à l'Angleterre, puisqu'elle va rendre Napoléon, aux rives de la
Manche, plus puissant que jamais.

Cependant, la politique du gouvernement
anglais a obtenu plus de succès contre les
autres puissances de l'Europe; elle a paralysé
le commerce de l'Espagne, elle a condamné
l'Italie à la stérilité; elle a renversé de leur
trône tous ceux de ses souverains qui ont eu
la témérité, ou la foiblesse de consentir à
son alliance. Encore hier, elle vient d'ex-
poser à une chute certaine le roi de Naples,

à qui la France avoit déjà pardonné trois fois sa conduite versatile et ses tergiversations.

Elle a empêché la Russie de devenir puissance maritime du premier ordre.

Elle a forcé l'Autriche et la Prusse à n'être que des puissances militaires de terre.

Elle a toujours détourné de la Hollande les avantages qu'elle auroit pu retirer de son alliance avec la France.

Elle a fait du Danemarck et de la Suède, de simples dépositaires de ses marchandises.

Elle a transformé les villes anséatiques en courtiers de Londres.

Elle s'est emparé du commerce de la Turquie, dans la Méditerranée.

Elle cherche à faire tourner exclusivement à son profit le commerce de la mer Noire et de la mer Caspienne.

Elle a réduit le Portugal en province anglaise.

C'est par cette politique envahissante, qu'elle a tenu dans sa soumission tous les rois de l'Europe, et qu'elle a régné sur eux jusqu'aujourd'hui ; elle les a tous fait descendre au rang de souverains du second ordre , puisqu'une puissance qui possède de grandes richesses, peut toujours les faire mouvoir à volonté.

Il n'est aucun empire , il n'est aucun souverain , il n'est aucune classe des habitans des divers États du continent de l'Europe et du monde entier, qui n'ait été la déplorable victime de la politique anglaise. Long-temps après la paix , la Russie , la Suède , le Danemarck , l'Allemagne , la Hollande , la Suisse, la France , l'Italie , le Portugal , l'Espagne, les peuples de l'Orient, de l'Occident et du Midi , les colonies des deux Indes , les États-Unis de l'Amérique eux-mêmes gémiront encore sur les malheurs que la cupidité , l'ambition et l'orgueil de l'Angleterre leur a fait éprouver. Il n'y a aucune place sur la terre qui ne soit teinte du sang qu'elle a fait couler. De partout ce sang crie vengeance contre un perpétuel ennemi du genre humain.

Quelle est donc cette politique dévastatrice qui résiste à la morale de toutes les nations ? c'est une monstruosité que la raison universelle veut voir disparoître. Tous les peuples du monde ont assez payé de leurs substances le droit de punir tant d'horribles attentats. Ils ne peuvent pas vouloir rester exposés à tomber dans un entier asservissement , si jamais l'Angleterre pouvoit craindre qu'on l'obligeât de ralentir le cours de ses usurpations.

Il n'est pas croyable néanmoins que, depuis la bataille d'Austerlitz , il y ait encore la moindre erreur sur le système universel d'oppression du gouvernement anglais. Ni le nord , ni le midi de l'Europe ne peuvent continuer d'exister sous sa tyrannie maritime ; la France est un centre naturel correlatif, auquel se réuniront les deux extrémités ; l'Angleterre rentrera dans ses limites naturelles. Le cours de ses usurpations sera arrêté , et le domaine des mers sera rendu respectivement à chaque nation. A l'acte de navigation anglais , succédera un acte de navigation , bien plus grand , bien plus généreux , celui de toutes les nations.

Le salut général de l'Europe continentale a donc sa base dans la réunion de ses forces réelles , contre les forces factices de l'Angleterre , pour commander la paix , pour créer un système continental de politique et de commerce , et pour rétablir la liberté des mers. Chaque puissance du continent y trouvera des avantages relatifs et particuliers.

La Russie conservera ceux qu'elle a sur les Anglais dans la balance de son commerce de matières premières ; mais elle y ajoutera ceux qu'elle perd par les prohibitions que l'Angleterre l'oblige de prononcer contre les autres peuples navigateurs : elle n'aura plus dans son propre sein des comptoirs étrangers : et cependant les Anglais auront le même besoin de commercer avec elle ; ils ne peuvent se passer ni de ses bois, ni de ses pelleteries, etc.

La Suède ne sera plus une puissance maritime négative. Comme commerçante, son industrie, ses ports, ses mines, ses forêts, ses matières premières ne seront plus frappés de stérilité. Comme militaire, elle aura une volonté positive ; elle sortira de cette sorte d'impuissance qui la condamne à ne figurer que dans les neutralités armées, toutefois en l'exposant toujours aux insultes du plus fort.

Le Danemarck verra ses manufactures se relever, en cessant d'être l'entrepôt des marchandises anglaises. La liberté des mers fera fleurir son commerce en Asie, en Afrique, en Amérique.

La Prusse sera débarrassée du despotisme commercial que les Anglais exercent à Embden et à Dantzick. Ses grandes rivières qui se jettent dans la Baltique ne gémiront plus de leur inutilité ; lorsqu'elles pourroient si bien verser dans le midi comme dans le nord de l'Europe, les productions de la Silésie, de la Poméranie, et de toutes les provinces situées pour le commerce dans les Etats prussiens.

Les villes anséatiques ne seront plus, comme depuis près d'un siècle, de simples entrepreneurs aux ordres des Anglais ; elles ne seront plus réduites à ne faire qu'un commerce de protection. Elles pourront, comme autrefois, assurer l'indépendance de leurs pavillons, en s'appuyant sur les principes immuables du droit des gens, qui, seuls, peuvent faire respecter la liberté des mers.

La Hollande sera rétablie dans ses colonies ; elle reprendra son commerce ; elle brillera de nouveau de son industrie infatigable ; son pavillon ne sera plus impuissant ; elle rentrera dans ses avantages de position ; elle redeviendra l'entrepôt du commerce de l'Europe , le magasin de toutes les nations , le grenier d'abondance pour tous les pays.

La Maison d'Autriche ne sera plus exposée à perdre ses Etats par ses alliances avec un faux ami, qui toujours lui donne des subsides lorsqu'il s'agit d'attaquer la France , et jamais pour défendre ses Etats héréditaires , et qui vient de la réduire à tenir , pour ainsi dire , le titre de souverain de la magnanimité d'un vainqueur. Le cabinet anglais avoit empêché autrefois la Maison d'Autriche de s'ériger à Ostende en puissance maritime. Parmi les calamités inutiles à son système de domination, dont sa politique vient d'accabler François II, sans doute il contempleroit avec plaisir la perte de ses nouveaux établissemens dans l'Adriatique, s'ils ne devoient pas augmenter le patrimoine d'une nation dont la France protégera toujours les destinées.

La République Germanique verra le Rhin s'enorgueillir d'être devenu le dépositaire du commerce direct des peuples qui habitent ses bords. Les bras que l'Angleterre soudoyoit seront rendus à l'agriculture , et l'industrie

des Allemands ne rencontrera plus d'en-
traves. Le règne de la diplomatie anglaise
sera détruit ; son influence sur des princes
privés de puissance et de richesses, et sur
des ministres prévaricateurs, n'aura plus
d'objet, elle n'auroit plus de succès. Les
nouveaux avantages dus à la paix et à la
liberté du commerce surpasseront immensé-
ment ceux d'une politique fondée sur la
cupidité toujours exclusive.

L'Italie cessera de n'offrir dans ses ports,
contre toutes les indications de la nature,
que de simples entrepôts de marchandises
anglaises. Les magasins de Livourne, de
Naples, d'Ancône, de Civita-Vecchia, se
rempliront des productions du pays, et surtout d'objets manufacturés dans son sein,
si abondant en tout genre de matières premières : elle couvrira les mers de ses navires. Le Toscan ne verra plus sa douce
industrie tourner au profit d'un étranger.
Les Napolitains ne seront plus obligés de
sacrifier la richesse de leur sol à la pros-
périté du commerce anglais ; ils échange-
ront une marine navale, devenue plus ridicule que jamais, contre des flottes mar-
chandes ; ils cultiveront, ils fabriqueront,

ils exporteront, et l'univers sera plein de leurs marchandises, et des produits de leur agriculture.

Le Portugal secouera le joug le plus lourd que jamais nation ait porté. L'Anglais, transporté sur le territoire portugais, en est devenu le propriétaire et le maître. Les marins nationaux ne sont que les colporteurs et les commissionnaires de ces hôtes usurpateurs. Agriculture, commerce, manufactures, ils ont tout envahi. Si le Portugais vit, s'il est vêtu, c'est parce que l'Anglais le veut bien ; et il ne le veut, que parce que son intérêt le commande.

L'Espagne n'aura plus d'inquiétudes sur le sort de ses colonies ; son bonheur domestique est attaché à la communication libre avec ses établissemens occidentaux. Cette communication lui sera rendue, son commerce et sa navigation ne seront plus interceptés, ses galions saisis. Ce ne sont pas de simples colonies que le roi d'Espagne possède en Amérique, c'est la meilleure portion de son empire. Pour conserver encore quelqu'influence en Europe, et y tenir parmi les puissances le rang qui lui convient, il a un besoin absolu de cette partie

D

de ses Etats. La liberté des mers est donc aussi nécessaire à l'existence politique de l'Espagne, qu'à son existence civile et domestique. Tous les efforts qu'elle pourroit faire pour redevenir redoutable sur mer, ne seroient que d'un succès douteux ; elle resteroit toujours exposée à l'humiliante nécessité d'accorder des priviléges exclusifs à un peuple oppresseur à la fois de son agriculture, de son commerce et de son industrie. Il est temps encore d'arrêter l'Angleterre dans ses projets ambitieux ; mais ils seroient accomplis, et le mal seroit sans remède pour l'Espagne et pour l'Europe entière, si jamais, à la faveur de l'indifférence et des erreurs des souverains de l'Europe, le roi d'Angleterre s'emparoit du Mexique et du Pérou.

Enfin, la Turquie n'aura plus la crainte de perdre ses possessions européennes.

Tous les peuples de l'Europe continentale, sans nulle exception, sont donc intéressés à réunir leurs forces sous un pavillon commun pour rentrer dans la jouissance du domaine des mers. Il faut qu'ils rendent la navigation libre, s'ils veulent conserver leurs colonies et leurs établissemens lointains, s'ils veulent ne pas perdre ce qui leur reste d'influence politique , et se rétablir dans cette partie de leur puissance domestique qui leur a été ravie par l'ambition démesurée des insulaires britanniques. Il faut que, pour un temps, il n'y ait plus qu'une flotte européenne dirigée contre l'Angleterre , afin qu'il y ait ensuite pour toujours des flottes de chaque nation. Il faut enfin que se termine cette querelle contre nature , dans laquelle des insulaires, toujours vaincus sur tous les points du continent , peuvent néanmoins toujours fomenter de nouvelles guerres ; tandis que le vainqueur de toutes les puissances continentales, ne profitant de ses succès que pour offrir la paix au monde , se trouve cependant toujours contraint de renouveler, aux yeux de l'univers , le triste et douloureux spectacle des batailles , quelque glorieuses et complètes que soient ses victoires.

A la place de cet incompréhensible aveuglement, qui a conduit des souverains puissans à se battre et à s'épuiser pour maintenir leurs oppresseurs , l'on va voir toute l'Europe , enfin éclairée sur ses véritables intérêts , se coaliser en masse pour une cause commune contre un ennemi commun.

Qu'on ne s'abuse pas, le peuple anglais, dans sa domination usurpée, a brisé tous les liens naturels qui l'unissoient aux autres peuples de l'Europe ; la raison se révolte en lui voyant des alliés sur le continent. Qu'offre-t-il, en effet, aux nations qui consentent à son alliance ? une avidité insatiable qui paralyse leur agriculture, leur industrie et leur commerce. Monopoleurs en tout genre, les hommes, sans distinction de couleur. ne sont, pour l'Anglais, qu'une marchandise ; c'est une matière de trafic et de contrebande dès qu'il s'agit d'assouvir sa cupidité ; et s'il craint que l'on veuille ébranler et renverser son despotisme maritime, alors il est toujours prêt à détruire. et à faire égorger ; il ne respecte rien, sa politique dévore tout.

François II, ce monarque trop malheureux pour avoir été trop souvent l'allié d'un gouvernement égoïste, *n'a pas dissimulé, tant de sa part que de la part de l'empereur de Russie, tout le mépris que leur inspiroit la conduite de l'Angleterre. Ce sont des marchands,* a-t-il répété, *qui mettent*

en feu le continent pour s'assurer le com-
merce du monde (1). Il a prononcé ces paroles dans un de ces épanchemens douloureux qui sont toujours vrais.

D'après ce langage, on peut espérer que
nul obstacle n'empêchera plus les puissances
de l'Europe de se réunir à l'Empereur des
Français, pour coopérer avec lui à l'exécution de son plan de réduction de l'Angleterre ; c'est à son génie que cette entre-
prise doit être confiée.

Celui qui, réglant et modérant ses succès,
a su, par sa sagesse, se placer au-dessus de
tous ces conquérans qui ont fait trembler
la terre, appelle aussi par cette sagesse la
confiance de tous les souverains, comme
il ouvre le champ le plus vaste aux espé-
rances des peuples.

L'heure est sonnée où toutes les nations
réunies doivent sortir de l'oppression d'une
seule nation. La ligue continentale contre
l'Angleterre, bien plus impérieusement commandée que toutes les ligues contre Venise,
sera aussi bien plus efficace. C'est la boussole
qui détruisit enfin la puissance maritime véni-
tienne ; l'étoile de Bonaparte anéantira celle

____

(1) Trente-unième bulletin de la Grande Armée.

des Anglais. C'est lui qui a consommé à Campo-Formio la destruction du gouvernement de Venise : c'est le présage de ce qu'il opérera sur les îles britanniques. On a trop long-temps laissé un acte de navigation d'une poignée d'hommes, étendre ses effets destructeurs sur la navigation universelle.

On peut arriver au rétablissement de la liberté des mers par plusieurs moyens modérés, tous intermédiaires entre l'état actuel de servitude de l'Europe et la destruction de l'Angleterre. Il dépend d'elle de se conserver ; mais son orgueil lui permettra-t-il l'emploi d'un seul de ces moyens ? alors, plutôt ou plus tard elle doit périr. Il y a des voies de destruction directes ; il y en a d'indirectes ; l'Europe doit les ouvrir toutes au génie de Napoléon.

Des troupes, pour qui tous les obstacles ont été jusqu'ici faciles à vaincre, lorsqu'elles devoient se mesurer, après les avoir franchis, avec des armées aguerries, ne seront pas toujours arrêtées sur les bords d'un canal ; elles iront porter l'épouvante, sur le rivage opposé, parmi des soldats qu'elles ont coutume de vaincre, et parmi des milices qui n'ont jamais combattu.

CHAPITRE V.

Napoléon Ier.

Tout homme, à qui des opinions dirigées par la raison laissent la faculté d'apprécier tout ce qui est grand, ne pourra s'empêcher d'admirer dans Napoléon Ier., Empereur des Français, un des êtres les plus rares que la nature ait produits. A la vue des prodiges qu'il opère, on diroit que tous les grands hommes qui l'ont précédé ne furent que ses précurseurs, et que les siècles l'ont enfin engendré pour qu'il vînt consommer l'œuvre commencé par les Numa, les Scipion, les Jules - César, les Agricola, les Charlemagne. Les grandes âmes, les âmes des héros ont une filiation qni leur est propre : elles forment une famille séparée. C'est ainsi que Bonaparte compte parmi ses aïeux, tous ces grands hommes, et tous ceux qui ont rempli l'univers de leur nom, comme philosophes, législateurs, modérateurs et guerriers.

La majesté impériale brilla sur le front de

Napoléon Ier. dès le jour qu'il descendit à Fréjus, à son retour d'Egypte, parmi les acclamations d'un peuple qui le proclama le sauveur et le libérateur de la France. Fréjus est la ville de Jules-César (*Forum Julii*) et la patrie d'Agricola. C'est dans la ville du plus célèbre des Romains, c'est sur le tombeau du plus vertueux de leurs capitaines, que Bonaparte a reçu la mission de pacificateur et de modérateur de l'Europe ; s'il manquoit à cette mission une sanction plus solennelle, la victoire d'Austerlitz vient de la lui donner.

Ce qui rend digne de remarque le rapprochement de Jules-César, d'Agricola et de Bonaparte, c'est que le même événement qui lie le présent au passé, semble aussi unir le passé et le présent au temps futur. Jules-César et Agricola conquirent l'un et l'autre l'Angleterre, et Bonaparte ne croira pas que sa mission soit remplie tant qu'il n'aura pas soumis cette île à son système de pacification.

Les grandes destinées de Bonaparte commencèrent à se développer dès l'instant où il s'éloigna des murs de la ville de Jules-César. Depuis lors le ciel s'est prononcé de

mille manières en sa faveur : il l'a fait réus-
sir dans toutes ses entreprises ; il l'a élevé
à un si haut degré de gloire qu'il ne peut
plus avoir ni rivaux ni envieux. Ses amis
et ses ennemis, réunis désormais dans une
même admiration , ne disputeront plus
autour de lui , que d'empressement à lui
rendre des hommages, à lui obéir, et à le
célébrer aux yeux de la postérité.

Assis sur un trône qu'il a trouvé vacant,
ou qu'il a reconstruit de ses débris épars,
Napoléon établit une quatrième race de la
monarchie française : il donne de nouvelles
bases à l'Empire ; il l'affermit ; il le conso-
lide en l'environnant de pays soumis qu'il
a su s'attacher, en substituant les formes
douces du modérateur aux formes dévasta-
trices de la conquête. Il lui étoit réservé de
donner au monde le spectacle nouveau d'un
héros qui sera toujours célèbre par ses exploits et ses vertus militaires, sans qu'on
puisse jamais l'appeler du nom funeste de
conquérant. C'est ce qui lui donne une place
si marquée au-dessus d'Alexandre , et de
tous ces généraux renommés qui illustrèrent
Rome libre et Rome asservie. Philosophe ,
législateur et grand capitaine , il ne doit sa

puissance qu'à sa haute valeur, et aux mé-
prises des souverains de l'Europe. Ils ont
méconnu son génie; ils ont osé le braver.
Ils ont cherché à se mesurer avec lui,
même après qu'il leur avoit prouvé trois
fois par sa retenue, qu'il ne mettoit pas sa
gloire à s'emparer de leurs Etats. Il les a
fait succomber sous le poids de ses talens.

Cependant l'Empereur des Français rend
les pays conquis, mais il fixe mieux leur destinée; s'il leur fait subir quelque change-
ment, c'est pour les conformer au nouvel
ordre qui doit régir l'Europe : mais il sera
pour eux une source de bonheur. Par sa
puissance, il éloignera d'eux pour long-
temps les horreurs de la guerre : ils devront
à sa présence momentanée toutes les dou-
ceurs d'une paix durable.

Ce n'est pas seulement à Austerlitz qu'il faut
voir Bonaparte, dans cette éclatante journée
qui efface toutes les batailles que l'histoire,
la tradition et la mémoire peuvent rappeler.
Dans toutes ses campagnes comme dans les
plaines de la Moravie, il a toujours été le
plus grand capitaine de son temps ; mais
les qualités militaires ne sont que la moindre portion de son héroïsme ; le vrai héros

brille de tout son éclat dans Bonaparte, alors que toujours il arrête la victoire fière de le précéder. A Léoben , à Marengo , comme au-delà de Brunn , la paix qui termine ses succès au milieu de leur cours, est l'ouvrage de sa modération. De vains triomphes ne sauroient le séduire, il ne s'attache qu'à la véritable gloire : aussi ses premiers exploits même portent le caractère décisif d'une sagesse consommée. Le temps nous a fait découvrir, dans ses plus anciennes négociations , une prévoyance admirable que son extrême jeunesse nous avoit empêché de soupçonner. A Tolentino, à Campo-Formio, il n'étoit ni moins bon général d'armée, ni moins habile négociateur qu'aux environs d'Olmutz : mais alors il n'étoit encore qu'un illustre citoyen. Cependant il fit des traités qui ont servi de base à tous ses traités subséquens. Jusqu'à la journée d'Ulm, rien ne parut devoir changer ses premières dispositions : tant de combinaisons imprévues pouvoient faire varier à nos yeux le cours de sa destinée, que lui seul a pu regarder les articles du traité de Campo-Formio, comme une pierre d'attente. Les événemens nous ont éclairés depuis sur sa profonde pénétration , et sur cette rare sagesse, qui, contre le gré du gouvernement dont il tenoit ses pouvoirs (le Directoire), lui fit placer par le traité qu'il souscrivit, la source féconde de sa future magnanimité dans le sein de la victoire.

Le rôle de pacificateur et de modérateur est évidemment celui auquel Napoléon a été appelé par la Providence. Fidèle à sa vocation, on ne le verra pas s'abaisser à celui de simple conquérant, pour devenir, comme Alexandre et Tamerlan, le fléau des peuples, la terreur des nations. Ses armées victorieuses avec lesquelles il aura consommé la pacification universelle, ne se disperseront pas dans le pays conquis comme celles de ces dévastateurs ; elles viendront savourer leurs récompenses à l'ombre de l'olivier et dans leurs foyers. Après avoir volé de victoires en victoires sous les étendards du héros pacificateur, elles assisteront au brillant spectacle que leur donnera le héros modérateur, par la restauration de la dignité des peuples.

Ces illustres capitaines grecs et romains, qu'on ne cesse d'admirer, ne combattirent, les uns que pour défendre leurs cités, les autres que pour agrandir l'Empire ; Napoléon, en attaquant l'Angleterre, venge le monde entier. Les plus éclatans succès viennent de le désigner encore une fois, à Austerlitz, comme le destructeur de la servitude des mers. La trompette victorieuse invite tous les souverains du continent à mêler leurs drapeaux à ceux du héros triomphateur.

La puissance de l'Empereur des Français étoit modérée et généreuse ; aujourd'hui, elle est incalculable, les rois de l'Europe ne peuvent pas se le déguiser ; ils doivent donc compter sur ses principes et sur sa loyauté. Il est trop grand pour n'être pas vrai, trop magnanime pour n'être pas juste, trop fort pour avoir une diplomatie fallacieuse. Lorsqu'il dit qu'il va combattre pour les libertés de l'Europe, c'est qu'il n'a pas d'autre pensée. De concert avec ses nouveaux alliés, il ne fera que continuer ce qu'il entreprit avec ses seules et propres forces ; mais seroit-il équitable que tous les dangers, toutes les fatigues fussent pour lui, et que d'autres eussent part aux résultats avantageux ? Il faut que tout le continent s'associe à la cause de la justice, s'il veut ensuite avoir le droit de participer à son triomphe.

On a rendu inutiles tous les efforts que l'Empereur des Français avoit faits pour procurer la paix au continent par des né-gociations : son but étoit alors de n'avoir plus à s'occuper que de l'affranchir de l'esclavage maritime ; mais on a voulu qu'il donnât la paix les armes à la main ; que, malgré lui, il la scellât du sang des nations qu'il cherchoit à rendre libres. Eh bien ! il a donné cette paix. Des esprits médiocres, qui déshonorent toujours le génie lorsqu'ils veulent le soumettre à leurs combinaisons, publioient qu'il alloit faire de ses succès la mesure des lois dures qu'il imposeroit aux vaincus. Cependant la paix qu'ils signent, lorsqu'il les a mis en dé-route, lorsqu'il occupe leurs Etats, lors-qu'ils sont errans et fugitifs loin de leurs capitales, est encore honorable pour eux. Cette magnanimité, qui mit des bornes à la victoire, lorsqu'il pouvoit ajouter à ses triomphes quarante mille prisonniers, et peut-être parmi eux deux têtes couronnées, a dicté les conditions douces d'une paix durable. Son accroissement de puissance ne lui a servi que pour opposer des barrières insurmontables à l'intrigue infatigable de ces ennemis perpétuels du continent ; c'est pour eux qu'il réserve ses vengeances : il va les combattre ; toute l'Europe se hâtera de concourir à l'exécution de ses plans.

Une coalition générale seroit difficile, si les cabinets, trop souvent maîtrisés par l'intérêt particulier du moment, étoient appelés à la négocier ; mais la nouvelle influence que l'Empereur des Français vient d'acquérir, fait disparoître cet obstacle. Ils viennent de recevoir une preuve manifeste de la supériorité de son génie dans l'art de la guerre ; ils doivent donc être bien persuadés qu'il ne négligera aucun moyen de vaincre, et qu'il les emploiera tous à propos. Si les Anglais résistent à toute l'Europe coalisée contr'eux, c'est que leur réduction sera impossible ; mais l'expérience dépose contre cette prédiction : le temps la désavoueroit, les Anglais eux-mêmes ne le croient pas ; c'est pourquoi ils travaillent à leur conservation par toutes les voies possibles, et par des moyens extrêmes.

C'est en vain qu'avant Bonaparte on eût

tenté de mettre en pratique la théorie simple
de l'empire des mers ; lui seul, depuis que
le sceptre en fut usurpé par une nation insulaire, a eu assez de puissance pour le res-
tituer à tous les peuples à qui il appartient
par droit de nature ; il falloit que le temps
l'eût enfin engendré, pour qu'il y eût sur
la terre un héros capable de faire un si beau
présent à l'humanité, et afin qu'il pût y
avoir un rapport proportionné entre le don,
celui qui le fait et celle qui le reçoit.

Les souverains de l'Europe ont semblé
manquer de motifs suffisans pour s'unir à
l'Empereur des Français contre leur ennemi
commun. Il a fallu qu'il terrassât une troisième coalition, et qu'il ajoutât des succès
inouis à sa gloire et à sa puissance. Une
campagne de deux mois, terminée à Austerlitz, à près de trois cents lieues loin de
sa capitale, a opéré ce prodige. Tous les
coalisés, ceux qui se sont montrés ouver-
tement, comme ceux qui sont restés dans
l'ombre d'une politique réservée ou équi-
voque, sont aujourd'hui entraînés par l'admiration.

Le sentiment d'un mérite moins élevé
attache à la vraie grandeur, sans qu'il y ait

à rougir. Lorsque la distance entre les hommes est arrivée à un certain degré, il n'y a plus lieu à la jalousie. L'amour-propre lui-même ne peut plus être blessé par des rapprochemens; au contraire, il se nourrit du bonheur que l'on trouve à être juste ; il éprouve une véritable satisfaction à contempler un génie transcendant qui plane sur tous, ne se montre que comme un ministre de la Providence, et fait espérer qu'un meilleur sort pour tous les peuples confiés à ses sollicitudes, est lié à son heureuse destinée.

Les dernières victoires des Français ont excité un enthousiasme général pour le héros qui les a guidés ; toute la terre s'est tue devant lui :

Terra siluit in conspectu ejus.

Elle a attendu que sa bouche prononçât les paroles de la paix ; en France, on lui prépare des triomphes, on s'occupe de le célébrer aux yeux de la postérité, en attendant que d'autres monumens lui soient élevés par une reconnoissance universelle, lorsqu'il aura délivré tous les peuples du joug des Anglais.

Alexandre et les Romains eurent aussi

E

des mers à traverser pour subjuguer Tyr et Carthage ; les eaux ne purent sauver ces deux cités orgueilleuses ; les flots serviront de même Napoléon et ses alliés.

L'époque d'une paix durable, et la renaissance de la liberté des mers pour toutes les nations, dateront du jour où l'Empereur des Français, ayant déchiré d'une main l'acte de navigation de l'Angleterre, présentera de l'autre au monde entier l'acte de navigation de tous les peuples.

Ce qui caractérisera la victoire de Napoléon sur les Anglais, c'est qu'après leur avoir ôté le sceptre des mers, il ne se donnera pas les torts d'un conquérant, comme Alexandre lorsqu'il eut détruit les Tyriens. Il n'opprimera pas les nations, comme les Romains après avoir anéanti Carthage ; c'est la première fois que l'on verra l'oppression renversée, n'être pas remplacée par l'oppression. Par lui, aucun peuple ne parcourra plus les mers en despote ; par lui, toutes les nations verront leur industrie lutter, sur les mers, d'activité et d'intelligence, sans craindre la tyrannie.

Un grand monarque de la troisième race des rois de France, Louis XIV, compte parmi ses titres les plus glorieux, ses droits à la reconnoissance des peuples de l'Europe, pour avoir stipulé en faveur du commerce général, lorsqu'il eut purgé la Méditerranée des pirates barbaresques. Le héros qui fonde la quatrième race de cette monarchie, restituera à toutes les nations du monde, leur part de la puissance maritime, que l'Angleterre s'est attribuée; il est digne de lui d'exciter ainsi la reconnoissance de tout le genre humain.

FIN.